BAGATELLE,

OU

DESCRIPTION ANACRÉONTIQUE

D'UNE MAISON DE CAMPAGNE

Dans un des Fauxbourgs d'Abbeville.

Par M. Sedaine.

Sous ces *paisibles* toîts, un mortel vertueux
Fait le bien, suit les Loix & respecte les Dieux.
VOLT. Mérope.

A AMSTERDAM,
Et à ABBEVILLE,
Chez la veuve DE VÉRITÉ, Libraire.

M. DCC. LXX.

A MONSIEUR
Van R*****.

Monsieur,

Quelque juste défiance que j'aie de moi-même & de mes écrits, je prends la liberté de vous adresser un Essai de Poësie sur Bagatelle. La matiere m'a parue digne d'être traitée dans le goût pastoral. Si ce que j'en ai touché peut vous amuser, mon dessein est rempli.

Je vous félicite, Monsieur, d'être l'Amant de la Nature. Si chaque Citoyen pensoit comme vous, nous verrions renaître un Siécle d'or beaucoup plus long que le premier.

Je Suis avec respect,

Monsieur,

Votre très-humble et obéissant Serviteur &c.

AVANT-PROPOS.

Rien, selon moi, ne fait plus d'honneur à l'homme aisé que le bon emploi de sa fortune. Il seroit à souhaiter, pour le bonheur de l'humanité & la gloire de la Nation, que le superflu de bien des maisons fût employé à en construire de nouvelles...... Mais, hélas! le grand talent des hommes de notre siécle se borne à faire des *riens* toujours inutiles & souvent pernicieux. C'est là proprement ce qui s'appelle bâtir sur le sable.... *ô tempora! ô mores!*

M. Van R*****, dont la réputation est assez connue dans le Commerce, & dont le nom seul fait l'éloge, vient de faire bâtir, dans un des Fauxbourgs d'Abbeville, une Maison de Campagne à qui il a donné le nom de *Bagatelle*. Ce bijou (car ç'en est un) joint l'agréable à l'utile, & rien n'est plus capable de fixer le cœur & les yeux que son architecture & sa situation. Cette retraite feroit plaisir aux Dieux.... mais il n'appartient qu'à la Vertu de l'habiter. Son jardin est un lieu délicieux où le Philosophe le moins abstrait douteroit souvent de son existence... c'est une merveille enfin!... Avec un peu de disposition à la Poësie, il est impossible de voir ce nouvel élisée, sans lui rendre quelque hommage. C'est ce que j'ai fait.... peut-être avec trop de témérité. La

AVANT-PROPOS.

description est un genre difficile.... Tous ceux qui se mêlent de Poësie sont, en cela, de mon sentiment. C'est aux Citoyens d'Abbeville nous juger. J'en connois plusieurs parmi eux capables de décider la question. Le séjour que j'ai fait dans cette Ville m'a mis à portée de connoître des gens à talens en tout genre, & je m'en voudrai toute la vie de ne pas les avoir connus plutôt.

Est-il possible, par exemple, que dans un siécle où les Arts fleurissent avec tant de vigueur; que sous des Ministres qui se font un devoir de les employer, on ait laissé jusqu'à présent languir dans le fond d'une Province un Sculpteur tel que M. *Pfaff*. Ceux qui me demanderont quels sont ses chef-d'œuvres, je les enverrai, ou plutôt je les conjurerai d'aller voir son Assomption dans l'Eglise des Bernardins de l'Abbaye d'*Ourcamps*, Diocèse de Noyon, & tous les morceaux différens dont il a enrichi Abbeville même, S. Riquier, &c... C'est-là que les vrais Connoisseurs trouveront matiere à se satisfaire; & je puis avouer, en mon petit particulier, que j'en ai vû de moins habiles employés dans les Cours.

Cet Artiste me permettra de lui dire, qu'il auroit dû, tant pour lui que pour sa famille, se faire connoître plus universellement..... Est-ce timidité? est-ce négligence de sa part? Je n'en sçais rien. Je ne connois que ses ouvrages..... Mais... venons à notre Bagatelle.

BAGATELLE.

Hic, ô quietis apta Musis otia!

Divin Anacréon, prête-moi les accens
    De ta tendre & sçavante lyre :
    Je chante des lieux séduisans
Dont la Nature & l'Art se disputent l'empire ;
Ce chef-d'œuvre du goût d'un mortel généreux,
    Bienfaiteur de cette contrée,
    Occupe le cœur & les yeux
De prestiges naissans dignes de l'empirée.
Dans un Fauxbourg voisin d'un long rang de côteaux
    Dont la délicieuse pente
    N'abonde qu'en objets nouveaux,
Sont situés les bords fortunés que je chante.
Chaque matin, l'Aurore au tein riche & vermeil,
    De mille faveurs escortée,
    Du blond Phébus jusqu'au réveil
Vient couvrir de rayons leur surface enchantée.
Le rossignol jaloux de leur faire sa cour,
    Y contracte son hymenée ;
    Son gosier touché par l'Amour

BAGATELLE.

Y tient pendant deux mois la Nature étonnée :
Les Zéphirs en ont fait le lit de leurs ébats,
  L'école de leur badinage,
  Le cours joyeux de leurs combats,
Le théâtre léger de leur course volage.
Les Habitans des Airs y donnent, chaque jour,
  Des rendez-vous à la tendresse,
  Des sons aux échos d'alentour,
Et de fréquens transports à l'ardeur qui les presse.
Tout y regne à ravir ! un brin d'herbe, une fleur,
  Avec une adresse infinie,
  Y conspirent pour le bonheur,
Et nous dictent les loix de la belle harmonie.
Mais, ce n'est rien encor.... pénétrons plus avant ;
  Par un examen méthodique,
  Voyons chaque chose à son rang,
Et suivons pas à pas sa marche œconomique.
Quel spectacle riant vient frapper mes regards ?
  Est-ce le Palais d'Uranie ?
  Non. C'est la retraite des Arts
Consacrée à Clio par les soins d'un Génie.
Une main délicate a conduit le ciseau
  De cette belle architecture ;
  L'art moderne y paroit si beau
Qu'il y semble sortir des mains de la Nature.
Le faste, ici, soumis à la simplicité
  N'y leve point sa tête altière ;
  Contre tout éclat emprunté,
Cent arbustes divers lui servent de barrière.

BAGATELLE.

Le centre merveilleux de ce doux Univers,
  Orné du plus rare assemblage,
  Offre aux yeux cent talens divers,
Dignes d'un *Raphaël* & d'un autre *la Fage*.
Qu'apperçois-je en entrant dans ce séjour nouveau?
  Un Sage tel que peint Horace;
  Du Bonheur le charmant tableau;
Les Muses; un beau jour; les Vertus *; une Grace §.
C'est donc, ici, mon cœur, le triomphant écueil
  De la creuse misantropie;
  Les chagrins, en habit de deuil,
Des innocens plaisirs n'y troublent point l'orgie.
Le Bonheur qu'on y goûte, aussi pur, aussi doux
  Que l'air serein qu'on y respire,
  Loin de rendre le ciel jaloux,
Est comblé de faveurs par le Dieu qui l'inspire.
On n'y voit point régner la molle Volupté,
  A s'émousser toujours active :
  L'amour de la tranquillité,
Voilà le seul desir que l'Ame, ici, cultive.
L'Ambition vient-elle étaler sa fierté?
  Une Emule de Polymnie
  Retrace à l'esprit agité,
De son noble néant la frivole manie.
L'esprit est-il frappé de quelqu'illusion
  Qui le plonge dans un délire?
  Au retour de sa vision,

---
* Madame Van R*****.
§ Mademoiselle Van R*****.

Il fixe, il applaudit, il parcourt, il admire.
Asyle fortuné! délicieux Palais,
  Où Minerve commande en Reine;
  Qui ne connoît point tes attraits,
Ignore du vrai bien la cause souveraine....
Si l'art impérieux a tracé ce tableau,
  La Nature en a fourni l'ame;
  Chez l'un & l'autre tout est beau
Quand l'un accorde au goût ce que l'autre reclame.
Respirons un moment, sur ce banc de gazons,
  La douce odeur des violettes.....
  Qu'entens-je dans les environs ?
La course des troupeaux & le bruit des musettes.
Titire, se croyant un rival d'Amphion *,
  Vante haut l'honneur de sa lyre;
  Lubin, Emule d'Arion §,
Fredonne des couplets que l'Amour seul inspire.
Quand il s'éleve entr'eux quelque jaloux débat
  Sur le chapitre des musettes,
  On marque le lieu d'un combat

---

* Ce fut lui qui inventa la Musique, avec Zéthus son frere.

§ Fameux Musicien. Etant sur un vaisseau, les matelots voulurent l'égorger, pour avoir son argent; mais il obtint avant que de mourir, la permission de jouer de son luth, au son duquel les dauphins s'attrouperent autour du vaisseau: ensuite il se jetta dans la mer, & l'un de ces dauphins le porta à bord.... La fable me paroît, ici, bien fable! Un Musicien en danger d'être volé! .... c'est une chose inouie aux Gens à talens de notre siécle. Selon moi, le luth d'un Musicien, le pinceau d'un Peintre, & la plume d'un Poëte, sont autant de remparts assurés contre l'approche des filoux.

BAGATELLE.

Dans un coin du pourtour qui bordent ces retraites.
» Lubin, dit l'Aggreffeur au Berger molefté,
   » Ta réfiftance eft criminelle....
   » Puifque tu n'es qu'un entêté,
» Nous nous verrons de près, ce foir, à *Bagatelle*:
» Volontiers, mon ami, lui replique Lubin.
   » Lorfque nos troupeaux dans la plaine
   » Brouteront leur dernier feftin,
» J'irai fuivi d'Annette: avertis ta Climene*.
Bagatelle aujourd'hui rempli de mille appas,
   A l'agréable joint l'utile;
   Les fleurs y naiffent fous les pas,
Et le Bonheur par-tout y préfente un afyle.
Hébé toujours joyeufe aime à s'y trémouffer
   Sous la figure d'une Grace,
   Souvent à s'y faire agacer
Par l'aveugle Lutin du vainqueur de la Trace.
La phalange des Jeux accourt avec éclat,
   Lorfque Zéphir reprend haleine,
   Refpirer l'air de fon climat,
Et de fes agrémens vifiter le domaine.
Le Chanoine coquet jufques dans fes vieux ans,
   Avec fa fervante maîtreffe,
   Vient y lorgner tous les préfens

---

* Il y a des cantons où le combat des mufettes eft toujours en vogue. Qu'on fuive de près les Bergers, pour conftater la vérité de ce que j'avance. Je conviens qu'il y a parmi eux des imbéciles & des fots.... mais faifons grace aux derniers : Si chacun de nous gardoit fes moutons, il y en auroit encore davantage. J'en connois beaucoup qui n'ont de ruftique que leurs habits.

BAGATELLE.

Que la Nature, aux yeux, renouvelle sans cesse.
On y voit tous les jours, à quelque tendre Iris,
  Un imbécile Métromane
  Réciter les vers dont Paris
Régaloit autrefois la premiere Sultane.
Le Médecin galant, mieux instruit des plaisirs,
  Que des grands secrets d'Hypocrate,
  Semble y parodier les soupirs
D'un moribond qu'il vient d'expédier à la hâte.
L'Ingrat présomptueux, oubliant l'humble état
  De sa primitive bassesse,
  Avec un air de potentat,
Y raille pesamment l'indigente noblesse...
Tantôt c'est un Robin suivi d'un Kalembour *,
  Lustré comme une urne de Grèce....
  Enfin on y voit chaque jour
Un Sage de tout genre, un sot de chaque espèce.
Heureux ! qui, dégagé de l'erreur & des soins,
  Peut ici, sans inquiétude,
  Réfléchir seul.... & sans témoins,
Au solide moral consacrer son étude.
Loin des occasions qui la font trébucher,
  Et du tumulte des affaires,
  L'Ame gagne à s'y retrancher
Un trésor infini de faveurs salutaires.
Loin du bruyant fracas de ces Sociétés,
  Où l'honneur est toujours victime ;

---

* Nom que les Musulmans instruits donnent aux Moines, aux Pédants & aux Sots.

BAGATELLE.

L'esprit, cédant à ses clartés,
Contre le repentir s'y prescrit un régime.
Loin de ce Peuple serf qu'on nomme Courtisans,
  Un cœur vrai, devenu traitable,
  Au lieu d'un chimérique encens,
Y savoure des fleurs le parfum délectable.
Loin de ces sots coëffés en dépit du bon sens,
  Du ridicule & faux systême,
  De flatter les intéressans,
Le Sage y trouve l'art d'être heureux par soi-même.
Loin du cercle perdu des femmes d'un métier....
  Que, sans lâcher une sottise,
  On ne sçauroit qualifier ;
L'imagination y médite sans crise.
Loin des hommes enfin, qu'un sordide intérêt
  Attache à notre destinée,
  Le Philosophe s'y distrait ;
Trois jours n'y sont pour lui qu'une belle journée.
Je ne peux faire un pas dans ce riant séjour,
  Sans voir un objet qui m'enchante :
  Des bois & des fleurs tour à tour
M'offrent du vrai bonheur une preuve touchante.
J'apperçois au levant un désert serpentin
  Sur le penchant d'une colline,
  Qui présente dans le lointain
Les bords inhabités d'une Isle sauvagine.
Sa pente tapissée, & ses sentiers couverts
  D'un émail saillant & rustique,
  Forment par des rayons ouverts

BAGATELLE.

Trente cahos touffus dirigés en oblique.
Faune y cede un espace au pied de chaque ormeau,
    Où la délicieuse Flore,
    Mariant l'albâtre au ponceau,
Lance des vermillons plus brillans que l'Aurore.
Souvent en plein midi, l'aride Moissonneur,
    Couvert d'une écume brûlante,
    Y répare avec le Glaneur,
Sous un ombrage frais, son ardeur bienfaisante.
De fatigue accablé, vaincu par le sommeil,
    Cédant par force à la nature,
    Il penche, à l'abri du soleil,
Son visage bruni sur un lit de verdure.
Pendant cet intervalle, un gaillard imberbis
    Que la faim seule décourage,
    Dévore un morceau de pain bis
Avec un appétit qui se sent de la rage.
Puis, pressé par la soif, au plus prochain ruisseau
    Il va puiser en silence,
    Dans la corne de son chapeau
D'une onde qu'il convoite avec impatience.
Si j'avance plus loin dans un nouveau verger,
    Dont Pomone est la Souveraine,
    Je vois un zéphire léger
Communiquer aux fruits le suc de son haleine.
Là, des jeunes tilleuls couvrent de leurs rayons
    D'un pommier les tendres prémices;
    Plus loin, des fleurs en pelotons
Environnent en cercle un groupe de narcisses.

BAGATELLE.

A dix pas de ces lieux, dans un antre à l'écart,
  Eſt une fontaine voiſine,
  Qui mouille & fournit avec art
Un beau jet qui ruiſſelle une lymphe argentine.
Sa cadence, imitant le tympan de l'airain,
  Murmure un bruit ſourd & cauſtique;
  Et ſa chûte dans le baſſin,
Anime des bouillons dont l'image eſt unique.
Un bel eſſain d'œillets, qui ceint ce réſervoir
  D'un émail flottant en nuage,
  Nous repréſente le miroir
Où Narciſſe autrefois contemploit ſon image.
Ici, ſont des boſquets avec art quinconcés,
  Et là, des thrônes de fougère;
  Plus haut, des rameaux nuancés
Feſtonnent l'incarnat de leur cîme étrangère.
Plus bas, c'eſt un jaſmin qui carreſſe un roſier
  Encor tout couvert de roſée;
  A ſes côtés eſt un laurier
Qui ſoutient d'une iris la palme diviſée.
Tout annonce en ce lieu le regne du bonheur,
  Et tout y végete avec joie.
  Au bon goût tout y fait honneur,
Et diſtingue celui du mortel qui l'emploie....
Retournons ſur nos pas, & voyons la beauté
  De chaque objet qui m'environne:
  Quelle heureuſe diverſité!
Tout me rit & me plaît, tout m'enchante & m'étonne.
Je vois à l'Occident un riant Belvéder,

BAGATELLE.

  Sur un bastion de verdure,
  Où souvent la Fille de l'Air *
Mêle aux chants des oiseaux son fidèle murmure.
Son rempart verdoyant de feuillage entouré,
  Forme une belle & tendre arêne,
  Où l'œil se délecte à son gré
Sur un vallon chéri qui lui sert d'avant-scène.
Satisfait, étonné, ravi de toute part,
  De cent nouveautés qu'il admire,
  S'il porte plus loin son regard,
De sept Divinités il découvre l'empire §.
Un double escalier mollement velouté
  D'un lit d'herbette printaniere,
  Conduit de ce mont enchanté
Dans un bois à demi-privé de la lumiere.
Delà, sans y penser, dans les sillons fleuris
  D'un sainfoin tressant sa parure,
  J'entends la craintive perdrix
S'applaudir du succès de sa progéniture.
Sous la voûte du nid des tremblotans perdreaux,
  Je vois la diligente abeille,
  Cédant à des transports nouveaux,
Picorer son duvet d'une ardeur sans pareille.
Sans ternir la beauté ni l'éclat de la fleur,
  Elle en extrait avec adresse

---

* Écho.

§ En effet, rien de si intéressant que cette vue. On y découvre, sans mouvoir la paupiere, des bois, des prairies, des moissons, une célèbre riviere, une Ville, des vergers, &c.

BAGATELLE.

Un miel blanchi dans la fraîcheur,
Au-dessus du nectar, par sa délicatesse...
L'esprit émerveillé contemple de ce lieu
    L'innocente & simple parure !
    Il y cherche le demi-Dieu
Qui vient d'y rajeûnir la mourante Nature !
Si je suis affligé, ma voix s'y mêle aux cris
    D'une plaintive Colombelle
    Qui regrette ses chers petits
Qu'un barbare Milan emporte à tire-d'aîle.
Dans un autre moment, content, libre & dispos,
    J'abjure la condoléance ;
    De six rossignolets éclos
J'écoute Philomèle annoncer la naissance.
Quelquefois amoureux, j'y guette en tapinois
    Sous les souples rameaux d'un hêtre,
    Un moineau robuste & sournois,
Cajolant la Cloris d'un linot petit-maître.
Pan y vient à son tour sur un lit de gazons,
    Folâtrer avec sa Nayade ;
    Chaque Faune des environs
Vers le déclin du jour y mene sa Driade.
On y chante, on y rit, on fait la guerre au cœur ;
    Le Dieu de Cnyde & de Cythère,
    Armé de son carquois vainqueur,
Y soumet à ses loix la Beauté la plus fière.
La Reine de Paphos, conduite par Sylvain,
    Après cette joyeuse fête,
    Va cueillir au parquet voisin

Les plus brillantes fleurs dont elle orne sa tête.
Superbes insensés! vantez-nous vos Palais,
  Où l'ennui préside avec grace:
  Le plus brillant de leurs attraits
Ne vaut pas de ces lieux la plus simple terrasse.
Quel plaisir goûtez-vous, couchés sur un carreau,
  Entre ces lambris de dorure,
  Où l'art imposteur du ciseau
Défigure souvent la correcte Nature?
Vous y faites des Dieux de vos sombres plaisirs,
  D'un aveugle enfant un Monarque,
  Qui vous vend cher des repentirs,
Et vous creuse un tombeau dix ans avant la Parque.
Vous n'y riez qu'auprès d'un conteur dangereux
  Qui vous raille avec modestie,
  Ou bien avec un fourbe heureux
Dont l'ame à prix d'argent vous est assujettie.
Les mystères chez vous sont des amusemens
  Inventés par la politique;
  On y toise les complimens,
On y parle en cadence, on y baille en musique.
Venez, ici, venez écouter la leçon
  D'un bonheur qui vous intéresse?
  Soumettez-lui votre raison
Et le phantôme altier qui l'offusque sans cesse.
Le mortel qui la dicte avec discernement
  Et nous en fait chérir l'usage,
  Auroit pû somptueusement
S'ennuyer comme vous, s'il eut été moins sage.

Fin.

www.ingramcontent.com/pod-product-compliance
Lightning Source LLC
Chambersburg PA
CBHW071442060426
42450CB00009BA/2280